PROJET DE LOI

POUR

LES MARIAGES,

PRÉSENTÉ

A L'ASSEMBLÉE NATIONALE,

PAR PIERRE LE NOBLE.

A PARIS,
Chez GARNÉRY, Libraire, rue Serpente, n°. 17.

L'AN SECOND DE LA LIBERTÉ.

A L'ASSEMBLÉE NATIONALE

MESSIEURS,

Le bonheur des hommes est ce qui vous occupe ; l'ayant eu en vue dans cet ouvrage, c'est ce qui me fait espérer que vous en agréerez l'hommage. Vous voulez rappeler les droits de l'homme, & sans doute un de ceux qu'on peut le moins lui disputer, est la liberté de disposer de son cœur & de sa main.

Libres par vous, Messieurs, nous pouvons nous exprimer sur ce qui nous est utile ; en sortant de nos foyers, nous ne craignons plus qu'un ca-

price nous ravisse la faculté de les revoir, nous y rentrons, mais alors nous voyons qu'il vous reste quelque chose à faire, & cela est d'autant plus instant que chaque jour produit de nouvelles victimes. Que ce bienfait augmente la reconnoissance des Français, & l'admiration de l'Univers; mais personne n'en sera jamais plus pénétré que celui qui se dit avec un profond respect pour vous,

MESSIEURS,

Le soumis & adhérant
à tous vos décrets.

PIERRE LE NOBLE.

PROJET DE LOI POUR LES MARIAGES.

LA vérité paroît, mais qu'elle perce difficilement ! L'homme naît ignorant & foible, par conséquent facile à séduire, il lui a été d'autant plus difficile d'acquérir des connoissances, que ceux qui l'ont gouverné ne pouvoient le faire qu'en l'entretenant dans l'ignorance, & pour cela, ils ont employé tous les moyens imaginables : ils ont senti l'influence des opinions, aussi se sont-ils bien servi des préjugés. Mais déja de grands hommes ont montré le ridicule de plusieurs; une heureuse révolution vient de faire tomber une partie des nôtres : que les autres disparoissent devant la raison. Prenons son flambeau pour qu'il nous éclaire dans notre route, sur laquelle ces préjugés ont jeté tant de ténèbres, & marchons guidés par la philosophie, qui consiste à chercher la nature des choses, & par-là à quoi elles sont propres. Ainsi pour voir ſi l'homme qui ſe plaint de ſa condition eſt naturellement malheureux, ou s'il ne l'eſt que par ſa faute, examinons comment il exiſte, & à quoi il eſt deſtiné. Mon projet n'eſt cependant pas de traiter dans cet ouvrage de ſa deſtinée entiere ; je veux ſeulement parler de la maniere dont il s'unit, ce qui en réſulte ; de celle dont il doit s'unir, & ce qui en réſultera. Mais cela ſeul embraſſe déja une grande partie de ſa vie, ſon ſort étant ſouvent lié au mariage comme fils, comme époux ou comme pere.

Mais quand libre de préjugés je vais parler contre eux, que mes lecteurs n'en aient point contre moi. Trop de gens auront déja leurs intérêts à rejeter mes raiſons, & je ne puis compter ſur aucune prévention en ma faveur. Senſiblement affecté de l'état où je vois les hommes, gémiſſant ſur le ſort de pluſieurs êtres qui me ſont bien chers, victimes de nos préjugés & de nos uſages, pour les combattre je n'ai pas examiné quelles étoient mes forces ; je ſuis trop ému pour garder le ſilence : je vais parler.

L'ÊTRE SUPRÊME peupla cette terre d'animaux mortels : il ne nous eſt pas poſſible de connoître quel fut ſon deſſein en les aſſujétiſſant à la mort, & en donnant à l'homme une vie ſi courte, ſeule choſe dont il puiſſe peut-être ſe plaindre, en reprochant à la nature, avec Théophraſte mourant, de l'avoir accordée ſi longue aux cerfs & aux corneilles, qui n'en ont pas beſoin, & de l'avoir donnée ſi courte aux hommes, à qui il eût été ſi important de vivre long-temps. Car ſi la mort n'eût pas interrompu ſi tôt leurs projets, ils auroient achevé de ſe perfectionner dans toutes ſortes d'arts & de ſciences. Mais il ne les a peut-être pas deſtinés pour les arts & les ſciences; alors leur vie peut ſuffire. Enfin, quelle que ſoit ſon intention, quand il la régla de peu de durée, il nous importe moins de la ſavoir, que de bien employer ce qu'il nous en a accordé. Il vouloit que la terre fût peuplée puiſqu'il y avoit mis des animaux; mais les ayant ſoumis à la mort, bientôt elle eût été déſerte. Il y pourvut en leur donnant la faculté de ſe reproduire; pour qu'ils agîſſent ſelon ſon deſſein, il leur en donna le penchant & y joignit l'attrait du plaiſir. L'acte d'union des deux ſexes pour la reproduction de l'eſpèce eſt donc ordonné par l'Etre ſuprême. Ainſi combien ſe ſont trompés ceux qui ont érigé la virginité en vertu, & ont cru s'en faire un mérite près de la divinité? L'intention qu'ils avoient de lui être agréable pouvoit ſeule les excuſer; mais ils ne pouvoient l'être près de la ſociété.

Combien de fois ceux qui avoient fait vœu de virginité n'ont-ils pas éprouvé, par la force du penchant, qu'ils agiſſoient contre nature, & ſe ſont vus forcés de trahir leurs ſermens. Ne regardons plus comme une vertu quelque choſe qui eſt ſi contraire à ſes intentions, & ſi oppoſé au bien de la ſociété. Je ne dois pas craindre que l'on me contrediſe, quand j'affirme que les actions qui méritent le nom de vertu, ſont celles qui ſe coïncident ſur les deſſeins de la divinité; & nous y trouverons cet avantage, qu'elles ſeront toutes utiles à la ſociété, ce qui ſouvent nous les fera reconnoître.

L'Être ſuprême donna à l'homme un cœur ſenſible, qui devoit le rendre vertueux & heureux: En examinant l'effet de cette ſenſibilité, nous verrons que J. J. Rouſſeau s'eſt trompé quand il a prétendu, dans un de ſes ouvrages, que les hommes n'étoient point faits pour vivre en ſociété : il a pris les abus où l'on a induit les hommes pour une preuve que cela ne devoit pas être; d'ailleurs, il ſemble admettre ſur la terre moins d'habitans qu'il n'y en a, & les ſuppoſe toujours errans, tandis que nous voyons les animaux libres s'attacher à certains endroits.

Dans les deux extrémités de notre vie, ne

pouvant ſubſiſter par nous-mêmes, il nous falloit des ſecours, & le penchant qu'un ſexe a pour l'autre n'étant pas ſuffiſant, & n'exiſtant que dans la force de l'âge, notre ſenſibilité, dénommée alors amour paternel, y ſupplée; & tandis que nous ſommes en vigueur, nous tendons la main à nos enfans, qui nous ſoutiendront dans notre vieilleſſe. L'homme étant affecté quand il voit un être ſouffrir, c'eſt un frein qui devoit l'empêcher de faire du mal, & ainſi le rendre vertueux. Celui qui s'eſt endurci, inſenſible à la peine comme au plaiſir que peuvent reſſentir les autres, eſt capable de tous les vices, ſans qu'il ſoit jamais heureux; & ſi l'être ſenſible ſouffre de voir ſes ſemblables dans la douleur, du moins leurs plaiſirs lui en procureront, & il ſentira avec force les ſiens. L'amour, cette paſſion violente, devoit répandre ſur les jours de l'homme, les plus grandes délices; tout ce qui a vie ſur la terre reſſent ſon influence, lui doit l'exiſtence & des jouiſſances. L'homme s'enflamme pour un objet: lui plaire pour en jouir eſt ce qu'il deſire, & pour y parvenir, il met tout en uſage: ému près de lui, ſa ſeule préſence lui cauſe déja des plaiſirs. Enfin cet objet s'embraſe des mêmes feux qu'il a allumés; leur amour eſt réciproque, & de grandes jouiſſances ſe préparent pour eux. Se montrer leur tendreſſe eſt leur premier ſoin ; leur bonheur les occupe, & dans la plus douce étreinte, ils ont des plaiſirs que l'on ſent, mais qui ne peuvent ſe décrire. Leur union donne le jour à de nouveaux êtres, qui, fruits d'un violent amour, ſont bien chers à leurs auteurs, dont ils ſerrent les liens. Chacun s'y reconnoît, ainſi que l'objet de ſon amour, qu'il croit careſſer en careſſant l'enfant dans la perſonne duquel ils s'identifient. Au ſein de l'amitié ce fils croît ; à peine il reſpire qu'il eſt déja chéri : ſes premiers pas ſont formés ſous l'œil paternel ; c'eſt de leurs bouches qu'il apprend à prononcer leurs noms, à dire qu'il les aime. Son éducation eſt loin d'être pour eux une peine : ils y apportent les plus grands ſoins ; auſſi l'enfant profite des leçons qu'il voit lui être données par amitié, & ſenſible à ſes ſoins, il en conſerve la reconnoiſſance la plus étendue. Son cœur s'eſt empreint des vertus de ſes peres, qu'ils lui ont inculquées par préceptes & par exemples ; vertueux, il eſt heureux, & ſes proſpérités viennent augmenter leur ſatisfaction. Déja il eſt homme fait ; c'eſt alors qu'il paie le tribut de reconnoiſſance qu'il leur doit pour la vie qu'il a reçu d'eux, & la maniere de vivre qu'ils lui ont appris. Vieux, infirmes, ils ont besoin de soutien ; il est l'appui, la consolation de leur vieillesse ; il leur rend tous les soins qu'ils lui ont prodigués dans son enfance, & égaie quelquefois leurs derniers jours par d'agréables souvenirs qu'il fait naître. Il est encore un sentiment moins violent que l'amour, qui, pour être plus doux, n'en est que plus durable & plus étendu, puisqu'il est de tous les âges, & existe entre deux personnes du même sexe : voudroit-on donc exclure l'amitié de l'état de nature de l'homme ?

Par cette chaîne d'attachemens & d'obligations, l'on voit les hommes unis & la société établie. Il est, je crois, à propos de détruire une erreur que bien des gens ont commise, en regardant l'état naturel & l'état social comme ne pouvant exister réunis ; & ils disoient : L'homme est fait pour vivre selon son état de nature ; en vivant dans nos sociétés, il ne peut conserver cet état de nature : il n'est donc point fait pour la société. Mais il est facile de voir que s'il ne vit pas dans la société selon son état naturel, c'est parce que les institutions que l'on y a faites s'y opposent : qu'on les change, qu'on les fasse de maniere à ne pas gêner les penchans naturels ; pour lors l'homme vivra dans la société selon sa nature. Mais que de telles lois sont difficiles à faire ! y parvenir, c'est arriver à la perfection, & l'homme peut-il espérer d'y atteindre ? Du moins on peut croire qu'elles seront meilleures, car en faisant les anciennes, l'on n'avoit pas ce but.

Je ne chercherai pas à découvrir la source de tous nos principes, nos préjugés, nos usages, ni à montrer combien ils sont contre nature & doivent rendre malheureux ceux qui les ont. J'ai déja tracé les limites de cet ouvrage, & je ne parlerai que de l'amour. Il est naturel à l'ignorance & au faux-savoir d'aimer l'extraordinaire, comme c'est le propre de la science d'en montrer l'erreur & de la détruire. Les hommes qui nous ont précédés vivoient dans la plus grande ignorance, ou n'avoient que quelques lumieres, état toujours plus à craindre que le premier. Enfin quand nos ancêtres ont caractérisé ce qui étoit vertu, & ce qui méritoit l'admiration, ils ont été dirigés par cet enthousiasme de l'extraordinaire & du merveilleux. Ceux qui ont parlé au nom de l'Être suprême, lui ont donné leurs goûts, & ont dit qu'il étoit beau, & que c'étoit une action qui lui étoit agréable que de résister à l'amour, & de renoncer même aux agrémens de la société : cependant ceux-là même ſe ſont peu ſouciés quelquefois de plaire à Dieu ; mais leurs dogmes ayant été adoptés, ils ont réglé l'opinion publique, & l'amour a été mis au nombre des vices. Dès la plus tendre enfance, l'on nous prémunit contre lui, on le combat même avant qu'il exiſte, tant il eſt redouté. Pour moi, qui fonde mes principes ſur d'autres baſes, j'ai une toute autre façon de penſer, & je regarde comme ridicule de dire au nom de l'Être ſuprême, qu'une choſe dont il eſt le principe eſt mal. Cette contradiction n'exiſta jamais que dans leur imagination. Qu'ils accordent à Dieu la bonté, ce qu'ils ne pourront ſans doute lui refuſer, & avec cette arme je les confondrois encore ; car ce ſeroit être méchant que d'accorder à des êtres des beautés, des attraits, avec la faculté de les connoître, de les apprécier, & le deſir de les poſſéder, puis trouver mauvais qu'ils en jouiſſent. Enfin, d'après eux, un ſexe ne devroit voir dans l'autre que des objets créés pour faire naître en lui des paſſions qu'il doit contenir, c'eſt-à-dire, pour ſon malheur. Et moi, d'un ſentiment toujours oppoſé au leur, je vois dans les femmes des objets faits pour nous charmer, pour nous rendre la vie agréable, & nous donner des plaiſirs que je ſavoure autant qu'il eſt en moi d'eſprits ſenſitifs.

Nous ſommes trop éclairés pour ne pas ſentir la fauſſeté de leur opinion. Certainement, Dieu doit voir avec plaiſir deux cœurs s'aimer & s'unir ; mais l'intérêt de notre ſociété veut régler ces unions. Il faut qu'elle établiſſe des lois pour que ces unions procurent du bonheur à ſes membres, à elle des enfans vertueux, & pour réprimer les déſordres qui pourroient en provenir.

Notre éducation, jointe à d'autres cauſes peut-être plus fortes, dont le libertinage eſt une des principales, n'a pas laiſſé que d'affoiblir chez beaucoup d'êtres l'amour, qui, comme on le verra dans la ſuite, eſt réellement utile à notre félicité : mais, quoique affoiblie, cette paſſion eſt encore aſſez violente pour que contrariée, elle ait produit les plus grands malheurs ; l'expérience ne nous l'a que trop prouvé. Un contour agréable dans la forme, des manieres aiſées & gracieuſes, un caractère doux, une belle ame, un eſprit vif & délicat, peuvent toucher l'homme & lui faire aimer l'objet qui les poſſede. Quand ſon créateur lui donna un cœur ſenſible pour ſon bonheur, il vouloit que deux perſonnes qui s'aimeroient fuſſent unies ; ſa volonté eſt marquée par leurs deſirs, & ils ſuffiſent pour les unir & les rendre heureux dans l'état de nature. Mais que notre coutume est loin de concourir au même but. Si ces qualités qui excitent l'amour se trouvent dans une personne que la fortune met au-dessus ou au-dessous de celui qu'elles ont touché, il ne peut la posséder ; lors même qu'il en seroit aimé, cet amour réciproque feroit deux infortunés au lieu d'un. Quoiqu'ils s'aiment, quoiqu'en s'unissant, ils seroient heureux, & auroient des enfans qu'ils aimeroient tendrement, à l'éducation desquels ils donneroient tous leurs soins, & qui seroient ainsi vertueux; toutes ces raisons ne peuvent engager les parens à les unir. Si les familles des deux amans sont ennemies, c'est assez pour mettre un obstacle à leur union : entre plusieurs rivaux, les parens choisissent encore celui qui leur plaît le plus. Enfin ce sont de semblables raisons qui décident des mariages, & non pas l'amour des époux, dont le bonheur semble dépendre de convenances qui leur sont étrangères. Souvent brûlant du plus violent amour pour un objet, il faut qu'ils viennent jurer leur foi à un autre, & consentir à passer leur vie avec lui. Rien de plus commun aussi que le faux de ce serment, car le cœur commande à la bouche, mais elle n'a sur lui aucun empire. Des liens formés par amour, les eussent rendus heureux ; mais qu'un ſyſtême oppoſé eſt loin de produire le même effet! & le malheur des époux n'eſt pas la ſeule choſe qui en réſulte : j'y entrevois encore la cauſe de la dépravation des mœurs.

Si les enfans que l'on a d'une perſonne que l'on aime ſont chers, l'on eſt peu attaché à ceux qui nous viennent d'une perſonne qui nous eſt indifférente, & encore moins aux fruits d'une union qui rend infortuné ; auſſi les enfans, malheureuſes & innocentes victimes, ſe reſſentent beaucoup de la méſintelligence de leurs parens. Qu'importe à des époux l'éducation de leurs fils, pour qui ils n'ont aucune tendreſſe ? Ils les abandonnent à eux-mêmes, ou les mettent entre les mains de gens qui y prennent peu d'intérêt, & ſouvent flattent leurs goûts & leurs paſſions pour ne pas gêner les leurs. Il eſt bon de conſidérer que ſi les peres aiment peu leurs enfans, ils ne doivent pas en attendre une grande tendreſſe ; car nous ne ſommes pas engagés à une grande reconnoiſſance envers nos peres pour la vie qu'ils nous ont procurée ſans en avoir l'intention : mais les ſoins, les peines qu'ils ſe ſont donnés pour nous élever, ſont ce qui conſtitue l'obligation & la tendreſſe des fils envers leurs peres. Ainſi les époux mal unis ſont peu attachés à leurs enfans, ne veillent point à leur éducation, & ces enfans n'ont pour eux ni reconnoiſſance, ni attachement. Et que deviendront-ils étant ainſi négligés ? Malheureuſement le mauvais exemple eſt toujours ce que nous voyons le plus, parce qu'il ſe fait plus de fautes que d'actions vertueuſes; leur eſprit s'en empreint le plus, n'ayant perſonne qui les leur faſſe diſtinguer & apprécier. Quand les paſſions viennent à naître, ils ne peuvent trouver chez eux de frein : alors ils ſe jettent dans des écarts où eſt la fin de l'honneur & de la vie. Leur infortune vient mettre le comble à celle de leurs parens : ils devoient être l'appui, la conſolation de leur vieilleſſe ; ils en ſont les tourmens.

Un enfant, ſur le refus que ſes parens font de conſentir à ſon union avec l'objet de ſon amour, voyant qu'il ne peut en jouir légitimement, perd toute retenue & commet les plus grandes fautes ; ce qu'il n'eût ſûrement pas fait ſi on les eût unis. Il n'oſe être ſenſible, ſoit par l'idée qu'on lui a donné de l'amour, ſoit par la crainte d'être obligé de renoncer à l'objet qu'il aimeroit pour paſſer dans les bras d'un autre, & quand on l'unit il n'a que de l'indifférence pour celui qu'il épouſe. Quand les parens ont marié leur enfant avec une personne qui lui est indifférente, & peut être qu'il hait parce qu'elle a été préférée à celle qu'il aimoit, il vient se joindre à cela l'ennui & le mépris qu'occasionnent les défauts qu'un commerce intime & habituel fait découvrir, & qu'on n'est pas disposé à pardonner. Le peu d'amitié qu'il fait à sa moitié ne l'engage pas à être plus aimable : alors sa maison lui devient insupportable ; il s'en éloigne & va chercher ailleurs un repos & des plaisirs qu'il ne trouve pas dans son hymen. Toujours attaché à son amant, ou bien sans amant, mais n'aimant pas son époux, un autre lui inspire aisément de l'amour, & l'adultere souille la couche nuptiale. En voici encore une raison : les parens arrêtant entre eux les mariages de leurs enfans, guidés seulement par des rapports d'intérêts, les prétendus se voyant très-peu avant de s'unir, & n'ayant pas besoin de se plaire, il leur importe peu de se bien bien comporter & d'être estimables.

Par l'effet que produit l'amour contrarié, il se trouve qu'il est plus à portée de l'être, & que les effets se multiplient ; car les peres peu attachés à leurs enfans consultent moins leurs goûts, se servent bien plus de leur autorité, & les enfans n'étant pas aimés de leurs peres, ont moins d'attachement , sont plus vicieux , par conséquent plus enclins à se mal comporter, & l'exemple, la fréquentation de ceux qui sont corrompus achevent de perdre le reste. Par cet arbre de corruption dont les branches se multiplient à mesure qu'elles s'éloignent du tronc , c'est-à-dire des premiers mariages forcés & mal assortis , l'on voit quelle est la cause de la dépravation des mœurs.

Combien n'est-il pas de personnes à qui la privation de l'objet de leur amour a coûté la vie ; d'autres qu'elle a engagés à renoncer aux plaisirs de l'hymen ? Et plusieurs se sont retirés d'un monde où ils étoient sans doute bien malheureux , puisque c'étoit pour aller passer leurs jours dans la retraite & des pratiques très-austères. Enfin , pour achever de montrer combien nos unions sont mauvaises, il suffit de rappeler l'idée que nous avons de l'hymen : nous le regardons comme une lotterie où le hasard nous donne plus ou moins de peines , de regrets , de chagrins. Aussi des gens effrayés préferent le célibat, qui est contraire aux intentions de la nature & au bien de la société. Il déplaît à l'Etre suprême , parce qu'il va contre les lois qu'il a établies pour la procréation ; il est contraire au bien de la société , parce qu'il la prive des êtres qui proviendroient de l'union des célibataires ; & si ceux qui l'ont embrassé ne le suivent pas avec austérité , ce ne peut être qu'en mettant chez elle du désordre.

Que de maux produits par nos institutions ! & le tort qu'elles font aux hommes n'est pas seulement proportionné de zéro à un , mais de zéro à deux, parce qu'il y a un de perte & un de souffrance ; car non-seulement elles nous rendent malheureux , mais encore nous privent de grands bonheurs. Il est si vrai qu'elles sont propres à contrarier la nature dans l'homme, & à lui donner un caractere opposé à celui qu'il reçut d'elle, que dans les villes où ces institutions ont plus de force , la nature en est bannie ; & plus les cités sont nombreuses , plus la nature y est gênée & les hommes corrompus : à mesure que l'on s'en éloigne l'on trouve la nature moins défigurée , & la nuance du mal affoiblie. Il faut connoître la nature , il faut avoir goûté ses charmes pour savoir combien elle procure de plaisirs. Elevé dans des lieux où elle règne, j'y ai passé des momens bien doux ; dans d'autres temps je dirai ce qu'a d'agréable le genre de vie que je menois : maintenant je vais simplement parler de quelques observations que j'ai faites

faites, qui viendront à l'appui de mes principes, & détruiront cette fausse idée que bien des pères ont, que pour élever les enfans à la vertu, il faut les contraindre.

Une honnêteté libre & une grande familiarité regnent dans la campagne; les hommes y sont égaux, ou du moins l'inégalité y est légere: tous les habitans d'un canton se connoissent; les dimanches & fêtes ils se rassemblent dans des lieux où les jeux, le chant & la danse président; les vieilles gens s'y placent sur des bancs, examinent, rient & se ressouviennent; ce sont les juges du camp; le plaisir de causer les dédommage de la foiblesse de leurs jambes. Celui qui est coupable redoute le jour de l'assemblée; car on y rapporte tout ce qui s'est fait de bien & de mal: aussi le caractere d'un chacun & sa conduite sont connus. Quand ils s'unissent, ils savent avec qui ils passeront leurs jours: n'ayant tous pas grand'chose, il y a, comme je l'ai dit, moins d'inégalité, ce qui fait qu'il y a moins de mariages d'intérêt, & qu'il y en a plus de contractés par amour. En s'unissant, ils se connoissent & s'aiment. Voyons ce qui en résulte. Dans leurs ménages, il régne beaucoup d'accord; la tendresse paternelle & filiale y est grande; les enfans y sont élevés par leurs parens, & ils profitent de leur éducation. S'il y en a qui ne sont pas ainsi, ils n'ont pas été contractés comme je l'ai dit ci-dessus, n'ayant pas parlé de la totalité; & s'ils n'ont pas trouvé dans l'hymen le bonheur que j'ai dit y être, s'il y a dans leurs ménages quelques dissentions, ce n'est pas un défaut du principe; l'on en trouvera la source dans nos institutions sociales.

Si l'exercice est bon à l'homme, un travail forcé lui est contraire : la classe d'hommes dont je viens de parler, est obligée à des travaux au-dessus des forces de l'homme, c'est-à-dire, qu'ils ne peuvent les supporter qu'en y employant des sucs nécessaires pour goûter les plaisirs de l'hymen, & leur constitution se forme aux dépens du tempérament; leur pauvreté ne leur permet pas de prendre de bonnes nourritures, ni en assez grande quantité, & les sueurs excessives que leur font répandre ces travaux, achevent de les rendre foibles. S'ils sont malheureux, si l'hymen leur procure peu de félicité, c'est donc à nos institutions seules qu'il faut l'attribuer. Espérons que notre nouvelle constitution allégera leurs peines. Là, les époux connoissant la personne avec qui ils s'unissent, guidés par des convenances physiques & morales, non d'intérêts, n'éprouvent point dans les mariages ces maux ſi fréquens dans ceux que l'on contracte à la ville, où l'on s'épouſe ſans ſe connoître, par conſéquent ſans ſavoir ſi l'on ſe convient : auſſi quand on y dit que deux perſonnes ſe conviennent, l'on n'entend pas dire que leurs caracteres ſympatiſeroient bien, mais que leur fortunes ſont proportionnées. Ce qui eſt une preuve affirmative que l'hymen ne donne pas aux payſans autant de deſagrémens, c'eſt qu'ils le redoutent moins, qu'il y a chez eux moins de célibataires ; & s'il leur procure des maux, s'ils le craignent, s'il y a quelques célibataires, c'eſt leur extrême pauvreté qui en eſt la cauſe ; il leur répugne de donner le jour à des êtres qu'ils ne pourroient nourrir, vêtir, & à qui ils n'auroient à léguer qu'une affreuſe miſere.

La familiarité qui regne parmi eux, la liberté du ſexe, car ſes travaux exigent ſouvent qu'il ſoit ſeul, même dans des lieux cachés & déſerts ; eh bien, cette familiarité, cette liberté, loin de leur faire commettre des fautes, tournent à leur avantage, par la facilité que cela leur donne pour s'étudier. Le ſeul préſervatif du vice eſt la vertu. L'on s'eſt bien trompé quand l'on a cru ravir à l'amour le cœur d'une jeune fille en l'enfonçant dans la retraite, & lui ôtant tout commerce avec les hommes. L'amour étant une paſſion qui eſt dans la nature, ſe fait ſentir malgré toutes les précautions, & devient un beſoin que n'aſſouviſſent point les verroux & les grilles. Elevé librement dans le monde, l'on ſe familiariſe avec les objets qui l'excitent, on les voit tels qu'ils ſont, on les apprécie; mais élevé loin de lui, l'on eſt privé de ces connoiſſances; l'imagination s'échauffe; elle peint l'amour des couleurs les plus agréables: quiconque veut en dire du mal, lors même qu'il parle vrai, n'eſt pas cru; le cœur eſt enflammé, il brûle du feu le plus ardent: alors le premier objet qui ſe préſente eſt aimé, fût-il mépriſable; l'on ne peut l'apprécier, l'état ne le permet pas, & l'on eſt privé des connoiſſances néceſſaires. C'eſt de cette gêne que naiſſent ces amours éphémeres, qu'un jour voit naître & finir. Une perſonne nous plaît au premier abord, parce que nous n'avons pas eu aſſez de liberté pour l'étudier; mais enfin quelques circonſtances nous la découvrent & nous ne l'aimons plus. Parmi le peu de perſonnes que nous voyons, nous choiſiſſons d'abord celle qui nous convient le plus; puis des rapports nous en font voir d'autres qui nous conviennent davantage, & nous n'aimons plus la premiere. Le véritable amour, excité par un physique qui nous plaît, cimenté par l'estime, des convenances de caracteres & d'humeur, ne peut avoir acquis une force assez considérable qu'après une fréquentation intime. Nous devons avoir la certitude fondée sur bien des expériences, que toute personne gênée, & élevée loin du monde, aura les passions plus fortes, & l'objet en sera ordinairement vil. Quand on sort une fille de sa retraite pour la lancer dans le monde, & souvent pour l'unir à quelqu'un qu'elle n'a jamais vu, il se trouve que cet homme est celui qui lui plaît le moins, & elle de toutes les femmes celle qu'il eût le moins désiré; cependant d'autres convenances les rapprochent, & le mariage se conclut. Pour lors ils commencent à se connoître & à voir qu'ils n'étoient point faits pour vivre ensemble; c'est un peu tard s'en appercevoir. Et cette épouse, dont l'imagination est échauffée, qui ne connoît pas le monde, comment se comportera-t-elle? qu'elle éducation donnera-t-elle à ses enfans? comment les dirigera-t-elle sur une mer qui lui est inconnue?

L'on voit par ces deux tableaux, & les scènes qui s'offrent sans cesse à nous, qu'il ne faut pas gêner les jeunes gens; je veux contre le vice d'autres armes que la contrainte. Ne voyons-nous pas l'oiseau retenu dans la cage, gémir de sa captivité, & souffrir de voir les autres oiseaux libres, être heureux & jouir? Il fait son possible pour s'échapper; & si par hasard il trouve une issue, il fuit à tire-d'aîles: tandis que le pigeon, qui, lorsqu'il le veut, peut sortir & être avec sa colombe, revient toujours au colombier, sans mésuser de sa liberté. O peres! vous qui citez toujours votre expérience, devroit-elle un seul instant vous laisser incertains de cettevérité. Convainquez-vous enfin qu'il ne faut à la vertu de garde que la vertu. Si vous contraignez vos enfans, dès-lors leur vertu n'a de défenseurs que vous, & ceux qui en sont les possesseurs pour ennemis; mais en leur en laissant le soin, en les laissant libres, vous la leur rendez chere, & ils sont les gardiens d'une chose dont eux seuls peuvent disposer. Mais, direz-vous, si on leur donne tant de liberté, ils sont sensibles, ils aimeront; alors leur vertu.... Arrêtez: souvenez-vous que l'amour n'est pas un vice, qu'il peut exister avec la vertu, & qu'il est même nécessaire, ainsi que la connoissance du caractère & de l'humeur de son époux, pour être heureux dans l'hymen. Eh certes oui! il est de la plus grande importance pour deux personnes qui doivent vivre ensemble & remplir de grands devoirs, de bien connoître si leur façon de penser & si leurs goûts se rapprochent ; car chacun attaché à son opinion la soutiendra, ce qui d'abord excitera des disputes ; puis il arrive souvent que pour n'être pas de notre avis, l'on perd de notre estime, & ces causes peuvent déranger l'accord du ménage. La diversité des goûts amene naturellement la division des personnes ; alors l'on ne se voit plus, l'on en voit d'autres, l'on s'oublie, & l'on pense à d'autres. Il seroit cependant difficile de trouver une parfaite conformité de sentimens, de goûts & d'humeurs ; mais c'est alors que l'amour est bien nécessaire. Les anciens, si fertiles en heureux emblêmes, couvrirent les yeux de l'Amour d'un bandeau, l'entourèrent des jeux & des plaisirs : ils savoient qu'il aveugloit sur les torts & les défauts de l'objet aimé, & qu'il procure de grandes félicités. Ils auroient dû aussi donner à l'indifférence des yeux de lynx ; car aucuns des défauts de la personne avec qui l'on est n'échappent ; ils la font mépriser, & de là une infinité de maux.

Mais vous qui êtes dans l'âge des passions, vous qui y arriverez, sachez discerner le caprice sensuel de l'amour ; songez que la nature, toujours sage, ne nous a pas donné assez de force pour être toujours en jouissance, parce que dans le ſein de la molleſſe, nous oublierions l'amour du travail. La beauté doit donc moins diriger votre choix, que les qualités du cœur & de l'eſprit : elle ne dure qu'un inſtant ; ceux-ci durent toujours. Et que l'on ne croie pas que je me contrediſe, en préférant une union formée par eſtime, à des liens noués par un amour qui ne l'auroit pas pour baſe ; car cet amour durera peu, & la ſimple eſtime donneroit des jouiſſances qui pour être moins grandes, ſeroient plus douces & plus durables. Mais rarement l'eſtime eſt ſeule chez de jeunes cœurs ; ils aiment, & c'eſt à déſirer ; car ſi l'on n'aime pas la perſonne avec qui l'on s'unit, comment lui jurer ſa foi & pouvoir la lui garder ? d'ailleurs, ſans amour a-t-on autant de félicités ? J'ai aimé, me dira quelqu'un ; j'eus des plaiſirs, mais ils ne ſont pas auſſi grands que vous le prétendez, & cet amour dura peu. Je ſais, lui dirai-je, que les hommes en augmentant le nombre des paſſions, ont rendu les naturelles moins fortes : ils aiment moins, ils ſont plus volages, mais encore le peu qu'ils ont d'amour leur donne des plaiſirs qu'ils n'auroient pas ſans lui : cela ne peut nous faire rejeter nos principes. L'amour, dont l'Etre ſuprême eſt le principe, ne peut lui déplaire ; l'homme ne reſſent de plaiſirs que par ce qui l'affecte ; ainſi l'amour, qui est ce qui l'émeut le plus, lui en procure beaucoup. Pour être heureux dans l'hymen, il faut s'aimer, s'estimer & se convenir; pour élever les enfans à la vertu, il faut veiller à leur éducation sans les contraindre : c'est l'ignorance de ces vérités qui a jeté les hommes dans l'état malheureux où il sont : c'est en les y rappelant qu'on les rendra au bonheur.

Personne jusqu'ici n'a élevé la voix pour prévenir les mariages mal assortis ; l'on s'est contenté de vouloir y remédier par le divorce : un auteur même qui a écrit en sa faveur, dit que dans l'état d'inperfectibilité où sont les hommes, l'art de corriger les fautes est plus utile que celui de les prévenir. Ce raisonnement m'a paru bien faux; car pour corriger la faute, il faut qu'elle existe, & c'est un mal; mais quand on la prévient, il n'y en a point. Il eût eu moins de tort, si au lieu *d'utile*, il eût mis *facile*. Cependant il est des maux que l'on prévient, & auxquels l'on ne peut remédier, tels qu'un coup mortel : il en est aussi auxquels l'on ne remédie que par un mal, comme dans ce cas où pour préserver le corps de la putridité, il faut couper un de ses membres ; & dans cette derniere classe se trouvent les mariages mal assortis. Lorsqu'un époux requiert le divorce, c'eſt parce qu'il eſt malheureux, & la liberté qu'il lui rend allége ſes maux, mais en engendre d'autres. Si par de nouvelles lois nous venons à bout de former des unions bien aſſorties, les époux ſeront heureux : ſi quelqu'une leur avoit échappé, alors le divorce que nous devons adopter y remédiera; car je ſens la néceſſité de l'admettre, quant à préſent ſur-tout, à cauſe du grand nombre de mauvais mariages. Mais comme il y a des inconvéniens, je veux que nous rendions dans la ſuite le plus rare poſſible le beſoin de l'employer (1).

Le divorce étant adopté, l'on pourra être moins attentif ſur le choix de la perſonne que l'on épouſera, parce qu'on aura la poſſibilité de s'en ſéparer & d'en prendre une autre : l'on craindra moins de déplaire à ſa moitié, avec qui l'on ne ſera plus obligé de paſſer ſa vie; ainſi le nombre des mauvais mariages augmenteroit donc avec le remède. Il ſe pourroit que l'on ſe ſoit trompé en prétendant que le divorce contiendroit les époux :

---

(1) Si quelqu'un doutoit qu'il ne fût très-inſtant d'admettre le divorce, je le prie de lire un livre qui a pour titre, *du Divorce*, & ſe trouve chez Deſenne au palais royal.

ſans doute s'ils s'aiment ils craindront d'être ſéparés, mais alors le divorce eſt inutile ; & dans le cas contraire, l'on ne peut croire qu'un époux cherchât les moyens de reſter plus long-temps uni avec ſa moitié pour qui il aura de l'averſion. Le mouvement le plus naturel, & qui ſera ordinairement le plus ſuivi, c'eſt de s'éloigner d'un objet de haine. L'expérience prouve, dit-on, que lorſqu'il eſt adopté on le requiert très-rarement. à Rome, où l'on avoit par une loi de Romulus la liberté de répudier ſa femme, perſonne n'uſa de ce droit pendant cinq cent vingt ans : Cervilius Ruga fut le premier qui répudia ſa femme, & pour cauſe de ſtérilité ; mais Denis d'Halicarnaſſe attribue le peu d'uſage que l'on en fit au reſpect pour les auſpices, & nous n'en avons pas. Ce qui, ſelon Plutarque, en eſt cauſe, c'eſt qu'il n'y avoit que trois raiſons pour leſquelles l'on pût répudier, qui devoient rarement arriver ; & la loi vouloit que celui qui répudieroit dans d'autres cas, donnât la moitié de ſes biens à ſa femme, & conſacrât l'autre à Cérès. Ce qui prouve que dans la ſuite l'on fit bien uſage de la facilité de répudier, c'eſt que l'on fut obligé d'étendre la loi de Romulus. Et quelle différence n'exiſte-t-il pas entre les mœurs des premiers Romains & les nôtres ? N'a-t-on pas remarqué que chez plusieurs peuples où il fut & où il est adopté, le sexe est plus ou moins esclave, tandis qu'il jouit en France d'une liberté dont les sujets sont trop contens pour se révolter. Quelques précautions que l'on prenne, il sera toujours désavantageux au sexe : les femmes ont un plus beau règne que les hommes, mais il est de peu de durée ; leur délicatesse, la finesse de leurs traits font qu'ils sont plutôt flétris, & les peines de l'enfantement achevent de ternir leur éclat. Ainsi, après quelques années de mariage, si le divorce a lieu, elles auront perdu tous leurs charmes, & seront moins à même de renouer d'autres liens qui les dédommageroient de ce qu'elles auroient souffert. La nature qui a mis cet obstacle, semble encore s'y opposer par le caractere qu'elle a donné au Français : inconstant comme il est, quelques années de mariage feroient chez lui bien des changemens, d'autant plus que son épouse aura perdu sa beauté, sa jeunesse ; alors il requerroit le divorce & la laisseroit dépourvue d'agrémens. Joint à ce qu'il est plus avantageux pour les hommes, ce qui fait qu'ils le désirent davantage, c'est le peu de vertu de leurs épouses dont ils se plaignent si amèrement ; mais sans le divorce ils en obtiendroient plus de fidélité, ſi avant le mariage, ils ne ſe livroient pas au libertinage : peuvent-ils avec juſtice ſe plaindre de ce qu'elles ont des feux qu'ils ſe ſont mis hors d'état d'éteindre ?

Ce qui ſeul rendra le divorce moins fréquent, c'eſt la tendreſſe paternelle. Les peres, en enviſageant le tort qui doit en réſulter pour leurs enfans, préféreront de ſouffrir ; mais ce ne feront que les époux qui auront quelques attachemens pour leurs fils : ceux qui ne les aimeront pas le requerront ; & c'eſt cette raiſon qui empêchera quelques époux de demander le divorce, qui doit nous rendre attentifs à l'éloigner de nous le plus que nous pourrons. Notre éducation influe ſur tout le reſte de notre vie. Qu'il eſt donc important d'y donner toute l'attention poſſible ; & avec le divorce cela peut-il ſe faire ? L'enfant ſera obligé de ſuivre le pere ou la mere ; il ſera donc privé des ſoins que l'un des auteurs de ſes jours, qu'il quitte, lui eût donné : celui près de qui il eſt, ayant la liberté de ſe marier, le fera plus à ſon choix, aura des enfans d'une perſonne qu'il aimera, avec qui il ſera heureux, & qui lui ſeront plus chers ; il leur donnera tous ſes ſoins : ainſi l'éducation des premiers enfans aura moins de cultivateurs & ſera même entiérement négligée. Pour en être aſſuré, il n'y a qu'à conſidérer comment ſont élevés les enfans d'un premier lit, quand il y en a du ſecond, & qu'on a été malheureux dans le premier.

Puiſque le divorce a tous ces inconvéniens, nous ne devons pas nous repoſer entiérement ſur lui de notre félicité, & chercher d'autres moyens pour être heureux. Cherchons ce qui nous eſt le plus avantageux ; mais pour le connoître, il eſt bon de jeter un coup-d'œil ſur la France.

Dans les grandes villes où l'on eſt plus corrompu, où il y a plus d'ambition & de luxe, où le mariage procure beaucoup de peines, de ſoucis & de malheurs, il y a un grand nombre de célibataires : pour être plus à leur aiſe, les peres craignent d'avoir beaucoup d'enfans ; le libertinage ruine les jeunes gens ; enfin toutes ces raiſons font qu'elles produiſent peu d'hommes. Les petites villes offrent un peu plus de naiſſances, mais leurs habitans, attirés par des vues d'intérêts, les abandonnent pour aller peupler les capitales. A la campagne il naît beaucoup plus de monde ; les peres, qui ont ſenti la dureté de leur condition, veulent y ſouſtraire leurs enfans, & y ſont encore excités par l'eſpoir qu'un jour ils ſeront à même de les foulager dans leur vieilleſſe : pour y réuſſir, ils redoublent de travail & parviennent enfin à les envoyer dans la ville ; ce qui les rétablit toutes, mais au déſavantage de la campagne.

Comme la terre produit à proportion du nombre de bras qui la cultivent, de l'induſtrie & des animaux qu'on y emploie, en enlevant à la campagne des hommes, on a diminué la quantité de ſes productions : par des cauſes qui ne ſont pas de mon ſujet, ceux qui ſont chargés du ſoin des terres & une grande partie des propriétaires étant très-pauvres, ne ſont pas à même de faire les avances néceſſaires, & ſur-tout d'y mettre du bétail, dont il y avoit plus de beſoin à meſure que les cultivateurs diminuoient. Cela a rendu la terre plus ſtérile : quand, pour y ſuppléer, l'on s'eſt jeté ſur le bétail, il eſt devenu plus rare, le prix a hauſſé, & la diſette a encore augmenté ; & les cultivateurs ſe trouvant en plus petit nombre, & manquant de bétail, ont été obligé, à de bien plus grands travaux (1).

(1) Lorſque les denrées ſont devenues rares ; elles ont été un objet de ſpéculation qui offroit un gain conſidérable : on les a accaparées, elles ſont devenues cheres, & les monopoleurs ſe ſont enrichis. L'argent du peuple

Les richesses d'un état consistent dans les productions de ses terres & les ouvrages des habitans : l'on s'est bien trompé quand l'on a cru y suppléer par des calculs. Le banquier ne peut s'enrichir qu'aux dépens de son voisin ; car le numéraire ne multiplie pas ; il peut attirer, & alors il dépouille celui à qui il l'ôte. Mais il en est bien autrement des productions d'un pays ; lorsqu'on en tire il en renaît ; par conséquent il peut s'enrichir & être toujours dans l'abondance : la France sur-tout pourroit ne jamais craindre la disette, & acquérir de grandes richesses, en commerçant chez l'étranger le superflu de ses denrées & de ses ouvrages. Pour cela il faut repeupler la campagne, en rendre les habitans moins pauvres & moins malheureux, & favoriser la population dans les villes, Nous ne devons pas craindre qu'il y ait trop de monde, car s'il est vrai qu'un homme fasse produire beaucoup plus que son nécessaire, plus il y en aura, moins ils travailleront, & il y

a d'abord passé dans leurs mains, & comme ils le distribuoient pour salaire de travaux à ceux à qui ils l'enlevoient par le monopole, le mal étoit léger. Mais quand les denrées ont manqué, ils se sont vus forcés de s'en pourvoir chez l'étranger, & de leur envoyer en échange des espèces ; alors l'argent est sorti de France, les denrées ont été consommées, & nous n'avons plus rien.

aura

aura plus de ſuperflu. L'on regarde la France comme très-peuplée ; il eſt cependant vrai que beaucoup de ſes terres ſont en friches, & que d'autres, peu habitées, mal cultivées, pourroient contenir trois fois plus d'habitans qu'il n'y en a.

D'après ces conſidérations, nous voyons qu'il eſt de l'intérêt de la France de favoriſer la population : & la ſociété ne pouvant ſubſiſter que par les fruits que lui procure l'union de ſes membres, d'autres intérêts même s'y joignant encore, elle doit vouloir que tous s'uniſſent. J'ai montré combien étoit fauſſe la prétention que l'on avoit de plaire à l'Être ſuprême en s'abſtenant des plaiſirs de l'amour : l'on ne peut donc alléguer cette raiſon pour permettre le célibat. En vain me diroit-on que ceux qui ſont deſtinés à haſarder leurs jours pour la patrie craindront moins de le faire quand ils n'auront ni femmes, ni enfans. Je conviens que ceux-là iront plutôt ſuſciter une guerre & attaquer. Mais feroit-ce donc un mal quand on ne le feroit pas ? La nation françaiſe vient de déclarer qu'elle renonce à toutes prétentions de conquêtes. Si l'on attaque ces célibataires par cela même qu'ils ne tiennent à rien, ils auront moins d'intérêt à ſe défendre : mais ſi des citoyens qui ont une famille la voient en danger, il n'est rien qu'ils n'affrontent pour la sauver, & sont capables des plus belles actions. Malgré sa femme & ses enfans, le vertueux Régulus se sacrifia pour sa patrie.

Pour empêcher donc qu'il n'y ait des célibataires, il faudroit que tout homme qui à trente ans ne seroit pas encore marié, ne fût point citoyen actif, payât le double d'impôts, & à quarante le quadruple. Tout homme qui deviendroit veuf sans enfans, avant trente-sept ans, trois ans après la mort de sa moitié, s'il n'est pas remarié, seroit soumis à la moitié de la peine pécuniaire établie contre le célibataire garçon. N'est-il pas juste qu'ils dédommagent un peu la société de la perte qu'ils lui font essuyer? Ainsi que le dit Montesquieu, il n'est pas besoin d'exciter les femmes au mariage; ce sont les hommes qu'il faut y engager: d'ailleurs un sexe marié, l'autre l'est aussi. Nous devons d'autant moins craindre d'être séveres envers les célibataires, que lorsque nous voulons les forcer à se marier, nous cherchons à leur faciliter les moyens de faire des mariages bien unis, où ils trouveront des douceurs.

L'on sera peut-être étonné de ce que j'exige que l'on soit établi avant trente ans, tandis que Platon, dans ſa républiqne, veut que ſes citoyens ne s'uniſſent qu'à cet âge ; mais les lois doivent être analogues aux mœurs des peuples & aux climats qu'ils habitent. Par rapport à notre climat, qui eſt plus froid que celui qu'habitoit Platon, ſa loi nous conviendroit d'avantage; mais nos mœurs ſont trop corrompues ; ſouvent même avant l'âge adulte notre jeuneſſe ſe porte aux derniers excès du libertinage, & de bonne heure eſt épuiſée ; c'eſt ce qui me fait déſirer que l'on s'uniſſe jeune, de vingt à trente ans.

S'il eſt de l'intérêt de la ſociété que tous ſes membres s'uniſſent, il lui importe auſſi qu'ils ſoient bien unis, afin que le bonheur que cela leur procurera les engage à le faire, pour qu'ils aient beaucoup de poſtérité; car, comme je l'ai fait voir, de-là dépendent leurs mœurs, & des mœurs la proſpérité de l'état. Elle doit donc ſurveiller attentivement cet acte ſi important pour elle, & le paſſer elle-même. Le maire, ainſi que les autres membres de la municipalité, ſont chargés par le public de le repréſenter vers le particulier, de régir & ſurveiller ſes intérêts : c'eſt donc devant ces magiſtrats que doit ſe paſſer un acte d'où proviennent la vie & le bonheur de la ſociété. L'ASSEMBLÉE NATIONALE, en décrétant le libre exercice de toutes les religions, a rendu ce changement très-néceſſaire. Puiſqu'il faut unir toutes perſonnes qui s'aimeront, dans quels temples, par quels miniſtres & ſelon quels rites marieroit-on deux amans profeſſans chacun une religion différente ? Toutes difficultés diſparoiſſent ſi l'on choiſit le palais commun, & que ce ſoient les magiſtrats qui marient. L'égliſe s'eſt emparée de cet acte qui décide du ſort de la ſociété : ſon intérêt n'étant pas toujours lié à celui de celle-ci, il n'eſt pas étonnant que ce qu'elle a ſtatué ne ſoit pas le bien général. D'ailleurs l'une peut ſe tromper ſur une choſe qui ne lui eſt pas propre, mais l'autre n'eſt pas ſujette à errer ſur ce qui lui eſt utile, & elle eſt ſûre que ce qu'elle réglera ſera la volonté de l'Etre ſuprême. En ordonnant à l'homme de ſe propager, il lui laiſſe la liberté de le faire de la maniere qui le rendra le plus heureux. L'intérêt de la ſociété demande la production de l'eſpece, ainſi il s'accorde avec ſon intention : qu'elle veuille le bonheur de ſes membres, ils ſe coïncideront encore ſur ce point. La ſociété doit donc faire elle-même les ſtatuts du mariage de la façon qu'elle croira la plus propre à ſa félicité, & ils ſeront conſentis par l'Être ſuprême.

Les enfans appartiennent à l'état, qui laiſſe aux peres le ſoin de leur éducation, & pour cela leur donne l'autorité néceſſaire ; mais cette autorité finit là où commence le malheur des enfans ; la ſociété ne peut permettre qu'elle s'étende plus loin. C'eſt la trop grande puiſſance qu'on leur a accordée qui a produit tous les mariages mal aſſortis, & par conſéquent tous les maux qui en dérivent. Je ne crains pas de me tromper quand j'avance que jamais l'on ne rendra quelqu'un vertueux par force ; mais qu'un pere qui aimera ſes enfans ſera payé de retour. Quand il leur enſeignera des préceptes de vertu avec cette tendreſſe vraiment paternelle qui eſt ſi perſuaſive, ils l'écouteront ; quand il leur donnera de bons exemples, ils ſeront ſuivis : & qu'on n'eſpere pas le même effet de la contrainte, elle peut ſeulement abrutir & avilir l'ame. Bodin, dans ſa république, s'eſt trompé quand il a prétendu que la corruption des Romains vint du relâchement de l'autorité paternelle ; ils avoient déja perdu de leur vertu lorſque cette autorité étoit dans toute ſa vigueur, & l'on pourroit même dire que les crimes que ces lois veulent réprimer, naiſſent par le ſoin que l'on prend pour les empêcher ; car à Athènes, où il n'y avoit pas de lois contre le parricide, il n'y eut pas de Néron. Rouſſeau a fait la même réflexion ſur les lois faites pour réprimer l'amour : Il ſeroit bon, dit-il, d'examiner ſi les vices qu'elles veulent empêcher ne naiſſent pas avec elles. Que je regrette que ce grand homme n'ait pas traité ce ſujet ; ſon génie pouvoit s'élever au niveau de l'intérêt qu'il préſente. Quand je ne compte que ſur ma cauſe, il avoit bien d'autres avantages pour la faire triompher.

Sans le conſentement des parens, les enfans ne peuvent ſe marier juſqu'à ce qu'ils aient atteint, les filles 25 ans, les garçons 30 ; encore les retiennent-ils par la facilité qu'ils ont alors de les déshériter, & par la crainte de leur courroux ; auſſi voyons-nous qu'il y en a fort peu qui attendent cet âge pour ſe marier à leur gré. Ils ſont donc forcés de renoncer aux perſonnes qu'ils aiment, ſi elles ne conviennent pas à leurs parens, & de prendre celles qu'ils leur offrent ; ou bien autrefois ils pouvoient, renonçant aux plaiſirs, ſe retirer dans les maiſons religieuſes, mais cette derniere reſſource vient de leur être ôtée par un ſage décret de l'Aſſemblée nationale, qui rend très-néceſſaire ce que je propoſerai.

Les parens s'imaginent que leur expérience

les met plus à même de choiſir la perſonne qui convient à leur enfant, & déſignent celui qu'il doit aimer, comme ſi nos goût étoient les mêmes, qu'on pût ſavoir mieux que quelqu'un ce qui lui plaît, & comme ſi on donnoit un cœur. Dans la perſuasion où ils ſont que les richeſſes donnent le bonheur, ils choiſiſſent un parti riche, & ſouvent ils penſent leur donner une marque d'amitié dont un jour ils ſeront reconnoiſſans, ou bien prennent ce prétexte pour ne pas écouter le refus qu'ils en font, & perſiſter dans leur volonté Que l'on faſſe attention combien il eſt difficile à un enfant, ſur-tout de ce ſexe doux, mais foible, de refuſer un parti préſenté par les parens, lorſqu'ils lui annoncent que leur intention eſt de l'unir avec telle perſonne. Lors même qu'ils lui demandent ſon conſentement, c'eſt avec un caractere ſi impoſant, & en faiſant paroître la peine & le courroux qu'exciteroit en eux un refus, de ſorte qu'il eſt forcé de l'agréer. Cet enfant a bien, pour réſiſter à ſes parens, la faculté de prononcer à l'autel un *non*; mais quand ils l'y conduiſent ne ſe ſont-ils pas aſſurés de ſa volonté, & ne ſont-ils pas là avec ce caractere qui leur en a déja impoſé D'ailleurs n'eſt-il pas aſſuré de leur courroux ? & que deviendrait-il après ? Convenons qu'il n'eſt pour lui aucuns moyens d'échapper. Dans cette coutume, je n'apperçois rien qui tende au bien de la ſociété, ſoit en engageant ſes membres à la vertu, ſoit en les rendant heureux, ſoit enfin en les mettant à même de lui donner beaucoup d'individus ; mais je vois qu'elle fait tout le contraire, & l'on ne peut refuſer ſon aſſentiment à cette vérité. Les hommes ne ſe réuniſſent en ſociété que pour être plus heureux qu'en vivant iſolés : pour ſe procurer cette félicité qu'ils cherchent, ils font des lois ; ſi l'expérience leur prouve qu'ils ſe ſont trompés en les faiſant, que loin de les rendre heureux, elles leur procurent même des maux, ils doivent en faire d'autres, car elles ſont nulles puiſqu'elles n'ont pas été au but.

L'autorité que la ſociété confie aux peres pour l'éducation de leurs enfans, & que leur tendreſſe pour eux doit leur faire employer avec exactitude, conſiſte, quant à l'union qui eſt mon ſeul ſujet, à veiller ſur la conduite de ceux qu'ils fréquentent, & particuliérement ſur celle de ceux qui leur plaiſent le plus ; mais du reſte à ne point craindre de voir les ſexes réunis. La fréquentation des femmes eſt très-utile pour les jeunes gens, chez qui elle adoucit ce qui seroit trop dur, & le désir de se plaire engage l'un & l'autre sexe à se rendre aimables. Qu'ils voient avec plaisir se former dans leur cœur une inclination, si l'objet en est estimable. Pour le savoir, les parens doivent consulter l'opinion publique, & encore mieux des personnes qui l'approchent le plus, mais bien prendre garde que ces personnes ne soient ses ennemis. Si le public le condamne, ils doivent faire à leur enfant des représentations qui, fondées sur la vérité, sur la raison, données par amitié, seront sans doute écoutées ; & si elles ne l'étoient pas, les parens auroient un moyen, comme on va le voir, pour empêcher leur union. Si tous les peres bornoient-là leur autorité, il seroit inutile de prendre d'autres précautions que de faire jurer qu'ils n'ont point gêné leur enfant ; mais une bien triste expérience nous force à ne nous point fier entierement à la foi des hommes : des peres étendroient plus loin leur puissance, & la société, qui ne peut le permettre, doit prendre des mesures pour l'empêcher. Comme il seroit possible que des peres obtinssent de leurs enfans, en les intimidant, la promesse de consentir à une union, & qu'ils n'oseroient se rétracter en leur présence, & avouer n'avoir aucun penchant pour la perſonne avec qui ont veut l'unir ; nous y obvierons en faiſant retirer les prétendus ſeulement avec le maire & autres officiers municipaux, qui leur demanderont, ſéparément auſſi, leur volonté ; ſi l'un refuſe, il s'oppoſeront au mariage ſans pouvoir dire lequel des deux, & de même les prétendus ſeront forcés de garder le ſilence.

Nous ſerons ainſi aſſurés que les enfans ne ſe marieront pas contre leur gré. Cependant, malgré toutes ces précautions, il reſteroit encore aux parens, pour les faire conſentir à leur volonté, de refuſer leur conſentement à toute autre union que celle qu'ils déſirent, & ceci auroit encore bien de l'influence. Il faut donc leur ôter cette derniere reſſource pour concourir à notre but, qui non-ſeulement eſt d'empêcher les mariages mal aſſortis, mais encore d'en faire de bien unis. Si l'on ſe prévient d'amitié pour quelqu'un, l'on ſe prévient auſſi de haine ; des parens pourroient haïr l'amant de leur enfant ſans qu'il le méritât, & refuſer leur conſentement parce qu'ils le haïſſent, ou quelqu'un de ſa famille, parce qu'ils en aiment mieux un autre, ou bien enfin pour cauſe de pauvreté : ainſi puiſqu'il eſt certain que des parens peuvent refuser leur consentement à une union bien assortie, il faut absolument ne point rendre leur sanction indispensable. Nous avons dit les enfans appartenir à la société : elle est la mere commune, & a sur les particulieres l'avantage d'être toujours juste. Lorsque des enfans ne pourront faire consentir leurs parens à les unir avec leurs amans, ils auront recours à la société qui les unira. Mais que l'on se garde de penser que je veuille favoriser le vice & mettre les enfans à même de rire de l'autorité paternelle ; je veux seulement qu'ils puissent s'y soustraire quand ils s'en serviront injustement. Un enfant ne pourra obtenir la protection de la société que pour un mariage bien assorti, & qui pourra lui être avantageux : dans un autre cas elle doit le refuser. Il seroit bien dur pour des parens attachés à un enfant, de le voir, égaré par l'amour, aimer & s'unir à une personne vicieuse ; union qui le rendroit bientôt malheureux & seroit désavantageuse à la société, qui pour lors, comme nous l'avons dit, ne doit pas le former. Ainsi, si un enfant vouloit s'unir à une personne de mauvaises mœurs, pleine de défaus & de vices, les parens pourront mettre opposition à leur hymen ; ce qui l'empêchera si cela est bien établi : mais ſi l'accuſé prouve que ce qu'on lui reproche eſt faux, le mariage aura lieu. Comme il n'eſt pas juſte que des enfans ſoient victimes du caprice des parens, le procureur-ſyndic de la commune, au nom de la ſociété, leur fera donner ce qui leur revient par les lois du bien de leurs parens. La déclaration que chaque citoyen eſt obligé de faire de ſes biens facilite l'exécution de cette derniere condition.

Il eſt des peuples qui, pour vivre en ſociété, ne ſe ſont pas autant écartés que nous de la nature: chez eux la parenté n'eſt pas un obſtacle au mariage de deux amans; le frere & la ſœur peuvent, s'ils s'aiment, s'unir: vivant enſemble dès ce temps où l'on ne cherche pas à ſe déguiſer, ils connoiſſent à fond leur caractere; l'amitié fraternelle les unit d'abord, puis l'amour; & quand le mariage noue les liens qui les enchaînent déja, cette union plus étroite ne peut rien ſur eux. La ſeule ſenſation qu'ils en éprouvent eſt une augmentation de bonheur; c'eſt parce que l'expérience a toujours montré à ces peuples que ces unions étoient heureuſes, qu'ils les voient former avec plaiſir, ce qui eſt bien une preuve de la vérité de mes principes. Mais nos mœurs ſont bien différentes, & je ſens l'impoſſibilité de vaincre la répugnance que l'on y auroit: c'eſt ce qui ſeul m'engage à ne pas parler d'unir le frere & la ſœur : ainſi les titres de peres & meres propres, de freres & ſœurs, ſont les ſeuls qui empêcheront une union ; tous les autres degrés ne pourront y apporter d'obſtacles ; le préjugé qu'on y avoit attaché eſt tombé, & ſans qu'il ſoit beſoin d'aucunes formalités, tous parens qui s'aimeront pourront être unis ſelon les formes.

Après avoir prouvé que la ſociété doit convenir elle-même de la maniere dont ſes membres s'uniront ; qu'il eſt de ſon intérêt que tous s'uniſſent & qu'ils le ſoient bien ; après avoir démontré que le mariage doit être pour l'homme une ſource de bonheur, & qu'au contraire il ne lui procure que des peines, différence malheureuſe que j'attribue à la maniere dont il ſe contracte, je vais donner le projet de loi, qui, je crois, pourra changer ſon effet actuel.

PROJET DE LOI

POUR LES MARIAGES.

ARTICLE PREMIER.

L'INTÉRÊT public exigeant que tous les citoyens ſe marient, tout homme qui à trente ans ne le ſera point, ne pourra être citoyen actif, payera le double d'impôt; & à quarante ans, s'il ne l'eſt pas encore, il payera le quadruple. Tout homme qui deviendra veuf ſans enfans avant trente-ſept ans, trois ans après la mort de ſa moitié, s'il n'eſt pas remarié, ſera ſoumis juſqu'à cinquante ans à la moitié de la peine pécuniaire infligée aux célibataires.

ART. II.

L'acte du mariage ſe paſſera au palais municipal, par-devant le maire ou ſuppléant, le procureur de la commune, & autres officiers municipaux au nombre au moins de deux. L'on avertira la ſociété par deux fois, en mettant huit jours d'intervalle, que tel & tel de ſes membres doivent s'unir; l'on choiſira pour cela des jours & des lieux où le public ſera aſſemblé. Il n'y aura qu'une matinée chaque ſemaine pendant laquelle l'on ſe mariera, & l'heure où ſe fera le diſcours ſera indiqué, afin qu'il puiſſe ſervir à tous ceux qui voudront ſe marier le même jour.

ARTICLE III.

Les prétendus s'étant rendus au palais avec toute leur ſuite, on fera un diſcours dans lequel on peindra les devoirs du mariage, combien les parens ſont intéreſſés pour leurs enfants, & les enfans pour eux-mêmes, à ce qu'ils ne s'uniſſent qu'à quelqu'un qu'ils connoiſſent & qu'ils aiment. Le diſcours fini, les parens jureront, » qu'ils donnent leur conſentement à » l'hymen que leurs enfans vont contracter, » parce qu'ils ſont perſuadés qu'il les rendra » heureux; qu'ils ont rempli à leur égard les » devoirs de bons parens; qu'ils ne les ont » gênés en rien, & qu'ils conſentent, s'ils ne » croient pas trouver des douceurs dans cet » hymen, à ce qu'ils ne le forment pas. » Ce ferment fait, les prétendus ſe retireront ſéparément avec le maire & autres officiers, qui leur demanderont, de maniere à n'être entendus de perſonne, s'ils ſont dans les diſpoſitions de s'unir: ſi l'un d'eux refuſe, ils ne pourront révéler lequel c'eſt, & l'autre prétendu ne pourra point dire qu'il y avoit ou y auroit consenti; & dans ce cas, le procureur de la commune, au nom de la société, s'opposera à l'hymen. S'ils y ont consenti, ils reviendront devant le public, & chacun jurera: » Qu'il n'est excité à donner sa main à tel, » ni par force, ni par complaisance, ni par aucun » intérêt; mais parce qu'il l'aime, qu'il connoît » assez son caractere pour être assuré qu'il lui con» vient, & que c'est avec liberté qu'il fait le ser» ment de faire tout ce qu'il croira pouvoir lui » être agréable, & de remplir fidèlement les de» voirs du mariage ». Après ce serment, le maire mettra leurs mains l'une dans l'autre, pour marquer l'union qui doit régner entre eux, & leur dira qu'au nom de la société il les unit & leur commande d'être fidèles à leurs sermens.

ARTICLE IV.

Si des enfans ne peuvent obtenir pour leur mariage le consentement de leurs parens, ils en avertiront le maire & autres officiers, qui feront annoncer dans l'intervalle de trois semaines, à trois fois, leur union; leurs parens pourront y mettre opposition, en donnant pour raisons que la personne avec qui leur enfant veut s'unir est vicieuse, & le rendra malheureux: s'ils le prouvent, l'opposition sera valide; mais

mais si l'accusé se disculpe de ce qu'on lui impute le mariage aura lieu malgré les parents. La chose sera plaidée & jugée par le tribunal de la municipalité, dont les membres doivent penser que les peres auront toujours plus de crédit que leurs enfans; si le mariage a lieu le procureur de la commune leur tiendra lieu de pere, & au lieu du serment que font les parents, il dira: » que la société qui veut le bonheur » de ses membres donne sa sanction à l'hymen » de tel & telle ». Le procureur de la commune sera en outre chargé de faire donner aux enfants ce qui leur revient selon les lois du bien de leurs parents.

ARTICLE V.

Le divorce sera accordé à la demande d'un époux réitérée jusqu'à trois fois & un mois d'intervalle entre chaque, les époux divorcés ne pourront se remarier qu'un an après, &c.

TOUS les avantages que cette loi doit nous procurer ne peuvent être apperçus sur le champ : mais pour peu que l'on y réfléchisse, ils se présentent en si grand nombre, qu'ils paroissent devoir la faire adopter sans hésiter. Toutes les tentatives que l'on a faites jusqu'ici pour rétablir les mœurs ont été inutiles, & il est facile de voir que cette loi y parviendra. Pourrions-nous donc la rejeter quand elle rétablit les mœurs, & encore qu'elle nous rend heureux. Si quelques esprits étoient étonnés d'un aussigrand changement, qu'ils sachent que l'on ne peut enlever une énorme tache qui défigure un tableau, sans produire quelque surprise; mais l'effet en est heureux.

Le bonheur est le but ou tendent toutes nos actions; ainsi si nous l'y voyons, sans doute il faut le saisir. Ce qui nous donne la certitude qu'il y est, c'est que l'Être suprême nous créa surement pour être heureux, & pour cela nous donna la forme & les penchans qui constituent notre être primitif; mais nos penchans ont été corrompus, on les a éloignés de leur nature, & nous du bonheur: c'est en nous rapprochant de notre état naturel que nousle trouverons.

Ce projet adopté, l'amour reprendra sa force, parce que plus libre l'on sera plus à même de choisir une personne qui convienne, & que l'on n'aura plus à craindre d'être obligé de renoncer à l'objet que l'on aime pour passer dans les bras d'une autre. L'on sera sensible, & l'on aimera avec force; mais pour posséder l'objet dont on est si épris, il faut être vertueux; ciel quel aiguillon! ce ne seront plus les peres qui décideront entre eux des mariages, ni la fortune qui les réglera; il faudra pour être marié plaire, ce qui est un nouvel engagement à la vertu & à l'amabilité. Lon n'a pas cherché à conduire l'homme à la vertu par ses passions, au contraire même l'on lui en avoit barré le chemin. Ce qu'on revêtissoit du nom de vertu, étoient des actions contraires aux penchans naturels, qui par conséquent coutoient beaucoup, & le seul plaisir qu'elles procurent vient de l'idée que l'on a fait une action vertueuse: il ne faut donc pas s'étonner s'il y a eu si peu d'hommes vertueux. Mais en mettant un prix à la vertu, & en ne regardant plus comme telle, qu'une action dont le bien social est le but, il se trouve qu'elle seule procure la félicité; dès lors les mœurs renaîtront, & nous avons d'ailleurs bien d'autre raisons pour l'espérer.

Par cette loi, plus de mariages forcés; ce n'est plus avec crainte & douleur que nous verrons arriver le jour où nous serons unis; nous le désirerons même avec ardeur; chaque jour qui le rapproche nous paroît plus long; il point enfin, & nous le saluons des cris & des pleurs que la joie excite. Nous volons vers l'objet de notre amour, son contentement perce à travers la pudeur, &

ſes yeux brillent de plaiſir. Nous partons pour le lieu de la cérémonie ; ſa démarche n'eſt pas celle d'une victime ; ſi elle eſt timide, c'eſt la pudeur qui en eſt cauſe : nous arrivons, & la ſincérité y préſide quand elle reçoit notre foi & nous donne la ſienne. Cet hymen eſt pour nous plein de charmes, les jours heureux ſe ſuccédent, les plaiſirs arrivent en foule, ſans que nous éprouvions ni regrets ni chagrins, l'amitié les éloigne. Que de plaiſirs fait goûter l'épanchement de deux cœurs bien unis ! & dans cette union nous trouverons des forces pour ſupporter les coups de la fortune ; ſi elle nous faiſoit éprouver ſes revers, ah ! dirions-nous à notre moitié, je ſuis toujours heureux, tu me reſtes & tu m'aimes.

L'affreuſe zizanie ne répandra plus ſes poiſons dans les ménages ; il n'y aura plus de ces ſcenes ſi ſcandaleuſes pour la ſociété, & qui ne ſe paſſent point ſans rendre les époux bien malheureux : peut-être même pourrions-nous eſpérer que nos neveux ne connoîtront de l'adultere que le nom. Voici déja bien des avantages qui en réſulteront, & jetons à préſent un coup-d'œil ſur les fruits de ces unions formées par l'eſtime & l'amour.

Aimant leurs enfans, les parens ne voudront pas commettre le ſoin de plantes ſi cheres à des mains étrangeres, eux-mêmes les éleveront & y apporteront les plus grands soins; ainsi leur éducation sera bien surveillée. Parvenus à cet âge où, la nature ayant développé leurs facultés, ils sont susceptibles de passions, ils auront un frein qui les retiendra & des armes pour les vaincre. S'ils viennent à concevoir de l'amour pour un objet vertueux, ils pourront être unis à lui, & ne seront plus dans ce cas qui si souvent fut l'éceuil de la vertu. La vieillesse ne sera plus si cruelle, nos enfans nous la rendront supportable, et peut-être nous en feront-ils oublier les peines par les satisfactions qu'ils nous causeront. Bons fils, ils seront bons citoyens, bons maris & bons peres. La vertu & les mœurs renaîtront, & nous feront jouir d'un bonheur que nous regardons peut être comme chimérique.

Mon projet tend à faire des unions bien assorties; & il est vrai que de là dépendent les mœurs, la prospérité de la société & son bonheur. Les plus grands législateurs ont toujours fait des lois qui avoient cet objet pour but. Solon ne vouloit pas que le mariage devînt un commerce, un trafic pour le gain; mais qu'il fût toujours regardé comme une société honorable pour avoir des enfans, pour vivre agréablement, avec douceur & pour se témoigner une amitié réciproque, à quoi Plutarque, qui le rapporte, ajoute qu'il » ne faut pas souffrir ces conjonctions » désassorties, qui n'ont ni le plaisir ni l'amour » pour fondement, où l'on ne fait rien qui ne » démente le mariage, & où l'on ne se propose » aucune des fins que l'on doit avoir ».

Il nous est impossible de douter un instant de la nécessité de les éloigner ; & si je me suis trompé, ce n'est que sur le projet que je donne pour les prévenir ; on peut le rejeter ; mais il faut en donner un meilleur. Par celui que je propose la population est favorisée ; il est un prix à la vertu ; l'on n'épousera que quelqu'un que l'on connoît, que l'on estime & que l'on aime, & les peres ont sur leurs enfans une juste autorité. Car les bons peres auront assez de puissance sur leurs enfans pour ne pas craindre qu'ils s'unissent à des personnes vicieuses. Il n'y aura donc qu'à ceux qui voudroient les forcer à donner leurs mains, soit par quelque caprice, ou par avarice, à qui elle ôtera l'autorité. Mais rien est-il plus juste & plus utile à la société ? se choisir uue compagne, est un des premiers droits de l'homme (1) ? Eh quoi ! les

(1) Pourquoi faut il qu'un insensé préjugé vienne changer les directions éternelles, & bouleverser l'harmonie des êtres pensantes ? Pourquoi la vanité d'un pere bar-

animaux, s'ils s'aiment, peuvent jouir ; l'homme seul, cet être raisonnable, se priveroit de cette félicité, & contrarieroit toujours la nature. Il n'est que de mauvais parens qui peuvent s'y opposer, car elle les prive seulement de puissance pour empêcher leurs enfans de s'unir à des personnes peu favorisées de la fortune, & la société doit désirer ces liens par les avantages qu'elle y trouvera, d'abord par les mariages bien assortis que cela fera faire, puis par une répartition de fortune qui rapprochera les deux extrémités, c'est-à-dire, l'indigence & l'extrême opulence

bare cache-t-elle ainsi la lumiere sous le boisseau, & fait-elle gémir dans les larmes des cœurs tendres & bienfaisans..... Le lien conjugal n'est-il pas le plus libre ainsi que le plus sacré des engagemens ? oui toutes les lois qui le gènent sont injustes ; tous les peres qui l'osent former ou rompre, sont des tyrans. Ce chaste nœud de la nature n'est soumis ni au pouvoir souverain, ni à l'autorité paternelle, mais à la seule autorité du pere commun qui sait commander aux cœurs, et qui, leur ordonnant de s'unir, les peut contraindre à s'aimer. Que signifie ce sacrifice des convenances de la nature aux convenances de l'opinion ? la diversité de fortune & d'éclat s'éclipse & se confond dans le mariage ; elle ne fait rien au bonheur : mais celle d'humeur & de caractere demeure, & c'est par elle qu'on est heureux ou malheureux. L'enfant qui n'a de regle que son cœur, choisit mal ; le pere qui n'a de ſi nuiſibles au bien général. Eh ! eſt-ce donc la fortune qui donne le bonheur, peres avaricieux ? L'expérience ne détruira-t-elle pas vos préjugés ? Voyez ces époux que de grands intérêts ont unis, l'infortune les a-t-elle aſſez tourmentés ? & à côté Annette & Lubin tranquilles & cueillans ſans ceſſe des plaiſirs ſous une chaumiere ; ils ſont pauvres cependant. Mais, puiſque l'exemple a tant d'empire ſur vous, ſachez que Thémiſtocle, le premiet des Grecs, voyant ſa fille recherchée par deux citoyens, préféra l'honnête homme pauvre au riche qui avoit une mauvaiſe réputation, diſant

---

regle que l'opinion, choiſit plus mal encore. Qu'une fille manque de raiſon, d'expérience pour juger de la ſageſſe ou des mœurs ; un bon pere y doit ſuppléer ſans doute ſon droit. Son devoir même eſt de dire, ma fille, c'eſt un honnête homme, ou c'eſt un fripon, c'eſt un homme de bon ſens ou c'eſt un fou, voilà les convenances dont il doit connoître : le jugement de toutes les autres appartient à la fille, en criant qu'on troubleroit ainſi l'ordre de la ſociété, ces tyrans le troublent eux-mêmes. Que le rang ſe regle par le mérite ; & l'union des cœurs par leur choix. Voilà le véritable ordre ſocial ; ceux qui le reglent par la naiſſance où les richeſſes ſont les vrais perturbateurs de cet ordre ; ce ſont ceux-là qu'il faut décrier ou punir. C'eſt ainſi que J. J. Rouſſeau fait parler un perſonnage à qui il fait jouer le rôle du ſage.

» qu'il aimoit mieux pour gendre un homme » ſans bien, qu'un bien ſans homme (1) «. Mais, me direz-vous, les vertus étoient des richeſſes à Athenes. Il eſt vrai ; & en France, avant cette révolution, les biens procuroient ſeuls les honneurs à quoi vous attachez la félicité : mais, par notre nouvelle conſtitution, la fortune n'eſt comptée pour rien, la vertu & le mérite peuvent ſeuls élever aux places. Ainſi, lors même que vous ſeriez mûs par l'intérêt, vous devez préférer les qualités aux richeſſes.

Mais, ciel ! que j'ai tort de confondre l'intérêt de vos enfans & le vôtre ; puis-je oublier la différence que vous en faites ? En effet, vous ne pouvez douter qu'en les contraignant vous ne les rendiez malheureux : vous voyez leurs larmes, & ne changez point. Malgré toutes vos veilles & tous vos ſoins ces jeunes filles que vous ſurveilliez tant, bourrelées de mille inquiétudes, connurent le plaiſir ; elles voulurent vous tromper, y parvinrent, &

(1) Pour voir combien nous avons encore de préjugés, & combien nous différons des Athéniens, que l'on ſonge comme l'on ſe moqueroit d'un citoyen vertueux, mais pauvre, & d'une condition ignorée, qui rechercheroit la fille du premier des François.

leur vertu s'échappa : pour lors vous l'attribuâtes à la corruption ; mais c'eſt vous qui la cauſez : reconnoiſſez donc l'inutilité de vos contraintes, & qu'il vous intéreſſe que vos enfans ſoient heureux & vertueux. Quel tourment n'avez-vous pas reſſenti, & de quel plaiſir n'auriez-vous pas joui, ſi vous aviez pu vous abandonner aux impulſions de la nature quand, vous étiez careſſés par ces enfans qui vous appeloient leurs peres ? Et vous êtes inſenſibles ! Il eſt vrai l'on ſe dépouille difficilement de l'autorité ; après tout ce qu'ont fait les hommes pour l'acquérir, la conſerver : l'on ne doit pas être étonné de votre amour pour elle. Mais ſongez combien il eſt doux de faire des heureux : & les traces du temps ſillonnent votre front ; qu'il vous importe donc de rendre vos enfants heureux, pour que leur bonheur, l'attachement & les ſoins qu'ils auront pour vous, dans votre vieilleſſe, vous en rendent les peines moins cuiſantes.

FIN.

www.ingramcontent.com/pod-product-compliance
Ingram Content Group UK Ltd.
Pitfield, Milton Keynes, MK11 3LW, UK
UKHW020425180726
13839UKWH00003B/1390

9 782329 429816